Nutzen Sie unseren bequemen Onlineshop!

• Ausführliche Informationen
• Aussagekräftige Leseproben
• Schnäppchen & besondere Angebote

www.kohlverlag.de

Erforsche ... den Schall

4. Auflage 2018

© Kohl-Verlag, Kerpen 2013
Alle Rechte vorbehalten.

Inhalt: Anne Scheller
Coverbild: © psdesign1 - fotolia.com
Cliparts: © clipart.com
Grafik & Satz: Kohl-Verlag
Druck: Jetoprint GmbH, Villingen

Bestell-Nr. 11 445

ISBN: 978-3-95513-024-4

Inhalt

Lernen mit Erfolg KOHL VERLAG Erforsche ... den Schall — Bestell-Nr. 11 445

Inhalt

Erforsche …den Schall – Bestell-Nr. 11 445

KOHL VERLAG

Vorwort

Liebe Kolleginnen und Kollegen,

Schall – das sind Geräusche, Lärm und Knalle, Töne und Klänge.

Von Schall sind wir dauernd umgeben, selbst wenn wir selber still sind: das Gehen und Reden unserer Mitmenschen, der Lärm des Straßenverkehrs, die Geräusche der Natur wie Windesrauschen, Wassergurgeln und Vogelrufe. Selbst unser Körper liefert uns leise Hintergrundgeräusche wie Atmung und Herzschlag. Momente, in denen wir nichts hören, sind also schier unmöglich. Der Schall und das Hören gehören zu den elementarsten Erfahrungen des Menschen.

In den Bildungsplänen für den Sachunterricht ist der Schall und das Hören daher nicht bloß als rein physikalisch-naturwissenschaftliches Phänomen (Schallentstehung, -ausbreitung und -aufnahme) aufgenommen, sondern auch im Zusammenhang mit dem Schutz des eigenen Körpers (Lärmschutz).

Die vorliegenden Kopiervorlagen behandeln das Thema Schall aus allen erwähnten Blickwinkeln.

Die Empfehlungen im Inhaltsverzeichnis für die Klassen 1, 2, 3 und 4 gelten für den schriftlichen Einsatz der Arbeitsblätter. Viele Aufgaben lassen sich jedoch auch schon im ersten Schuljahr in einem mündlich-praktischen Unterricht einsetzen.

Bei allen Arbeitsblättern steht das Experimentieren im Vordergrund. Die Kinder erzeugen Geräusche, sie hören, spüren und sehen sie, sie bauen Schallquellen, untersuchen die Ausbreitung des Schalls und experimentieren mit dem eigenen Gehör. Die Arbeitsblätter können in der Freiarbeit, im Wochenplan, in Vertretungsstunden oder im „normalen" Unterrichtsgeschehen verwendet werden. Viele Arbeitsblätter eignen sich auch hervorragend zum Stationenlernen. Auf den letzten Seiten des Heftes finden Sie nicht nur die Lösungen, sondern beispielhaft auch die Beobachtungen, die bei den Experimenten möglich sind.

Mit „Erforsche … den Schall" lernen die Schülerinnen und Schüler stets handlungsorientiert und über viele verschiedene Wahrnehmungskanäle. Das verspricht einen großen Lernerfolg.

Viel Spaß beim Erforschen des Schalls wünschen Ihnen der Kohl-Verlag und

Anne Scheller

Mit Schülern bzw. Lehrern sind im ganzen Band selbstverständlich auch die Schülerinnen und Lehrerinnen gemeint.

Bedeutung der Symbole:

 Einzelarbeit
EA

 Partnerarbeit
PA

 Schreibe ins Heft/ in deinen Ordner

 Arbeiten in kleinen Gruppen

 Arbeiten mit der ganzen Gruppe

Erforsche …den Schall – Bestell-Nr. 11 445

KOHL VERLAG

1 Geräusche erfahren

Geräusche aus deinem Körper

Aufgabe 1: *Welche Geräusche könnt ihr mit eurem Körper machen?*

Benutzt zum Beispiel: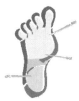

Aufgabe 2: *Schreibt oder malt in den Kasten, mit welchen Körperteilen ihr Geräusche macht.*

Aufgabe 3: **a)** *Welche Tunwörter (Verben) zu den Geräuschen kennt ihr? Sammelt sie.*

b) *Welche Tunwörter (Verben) kannst du schreiben?*

summen, stampfen, singen

Erforsche ... den Schall – Bestell-Nr. 11 445

KOHL VERLAG

1 **Geräusche erfahren**

Laut und leise

Aufgabe 1: *Klatsche in die Hände.*
Probiere aus: Wie entsteht ein leises Klatschen, wie ein lautes?

EA

_____

_____

_____

Aufgabe 2: *Trommele mit den Fingern auf den Tisch.*
Probiere aus: Wie entsteht ein leises Trommeln, wie ein lautes?

EA

_____

_____

_____

Aufgabe 3: *Spanne ein Gummiband zwischen den Daumen und zupfe daran.*
Probiere aus: Wie entsteht ein leises Geräusch, wie ein lautes?

EA

_____

_____

_____

Aufgabe 4: *Was hast du herausgefunden? Kreuze an.*

EA

Für einen leisen Ton klatsche, trommele oder zupfe ich ☐ schwach ☐ kräftig.

Für einen lauten Ton klatsche, trommele oder zupfe ich ☐ schwach ☐ kräftig.

Erforsche ... den Schall – Bestell-Nr. 11 445

 KOHL VERLAG

1   Geräusche erfahren

Lausche der Stille

Aufgabe 1:   *Nicht nur Geräusche gehören zum Alltag, auch die Stille!*

   a) Setzt euch gemütlich auf euren Stuhl und werdet ganz still.

   b) Der Lehrer oder eine Schülerin/ein Schüler lesen eine
      Geschichte vor. Hört gut zu!

   c) Erlebt die Geschichte in eurer Fantasie mit.
      Achtet dabei besonders auf die beschriebenen Geräusche.

Die Reise zur Stille

Du sitzt ganz entspannt auf deinem Stuhl. Schließe die Augen. Atme ruhig ein und aus. Was hörst du?

Dein Atem fließt in dich hinein und wieder heraus. Er ist wie ein Fluss, der durch den Wald fließt. Das Wasser strömt ruhig dahin. Da sind Felsen im Fluss! Das Wasser gurgelt und plätschert fröhlich.

Ein leichter Wind weht. Am Ufer stehen hohe Bäume. Ihre Wipfel wiegen sich sanft im Wind.

Ein Vogel sitzt dort oben und singt ein Lied. Für wen singt er wohl?

Am Waldboden huscht eine kleine Maus. Zweige und trockene Blätter knacken. Die Maus piepst.

Der Fluss fließt immer tiefer in den Wald hinein. Hier ist kein Mensch. Kaum ein Laut ist zu hören. Lausche der Stille!

Nun verlässt der Fluss den Wald. Er bahnt sich langsam einen Weg zu dir in die Schule. Höre noch einmal auf deinen Atem. Was hörst du?

Lasse den Fluss und die Stille in dir fließen. Dann öffne langsam die Augen. Willkommen zurück!

Tipp für Vorleser:

Lest langsam und mit ruhiger Stimme. Macht nach jedem Satz eine Pause, damit die Zuhörer das Gehörte in ihrer Fantasie erleben können. Am Ende jedes Absatzes macht ihr eine längere Pause.

Erforsche ...den Schall – Bestell-Nr. 11 445   KOHL VERLAG

1 Geräusche erfahren

Geräusche fühlen

Aufgabe 1: *Mache Töne: Hohe, tiefe, laute, leise. Lege dazu drei Finger auf deinen Kehlkopf. Was spürst du in den Fingern?*

EA

_____

_____

_____

Aufgabe 2: *Brumme mit tiefer Stimme.*
Spürst du etwas im Bauch oder in der Brust?

_____

_____

_____

Aufgabe 3: *Halte das dicke Ende der Stimmgabel an deine Hand oder deinen Kopf. Was spürst du?*

_____

_____

_____

Aufgabe 4: *Zupfe mit dem kleinen Finger am Gummiband.*
Halte es dann vorsichtig an die Lippen. Kitzelt das?

_____

_____

_____

Aufgabe 5: *Probiere aus: Welche Geräusch kannst du noch fühlen? Wo?*

_____

_____

_____

Erforsche ... den Schall – Bestell-Nr. 11 445
KOHL VERLAG

1 **Geräusche erfahren**

Geräusche auf dem Tisch

Aufgabe 1: *Macht viele verschiedene Geräusche mit den Gegenständen auf dem Tisch.*

Aufgabe 2: *Schreibt oder malt auf, **wie** ihr das Geräusch gemacht habt und **was** ihr gehört habt.*

wie?	was?
_____	_____
_____	_____
_____	_____
_____	_____
_____	_____
_____	_____
_____	_____
_____	_____
_____	_____
_____	_____
_____	_____

Erforsche ... den Schall – Bestell-Nr. 11 445

KOHL VERLAG

1 Geräusche erfahren

Geräusche sehen

Aufgabe 1: *Kann man Geräusche sehen?*
Probiere es aus. Schreibe auf, was du siehst.

EA

    a) Lege die Stricknadel so auf den Tisch, dass mehr als die Hälfte über die Tischplatte hinausragt. Halte die Stricknadel gut fest.

    b) Biege sie mit einem Finger der anderen Hand herunter.

    c) Lasse dann plötzlich los.

_____

_____

_____

    d) Streue Salz auf die Trommel.

    e) Klopfe auf die Trommel.

_____

_____

_____

    f) Schlage die Stimmgabel auf die Tischkante.

    g) Halte sie dann ins Wasser.

_____

_____

_____

Aufgabe 2: *Was ist bei allen drei Versuchen geschehen?*
Sortiere die Buchstaben und schreibe das Wort richtig in die Lücke.

EA

Wenn es ein Geräusch gibt, dann _____ (bwgete) sich etwas.

Erforsche ... den Schall – Bestell-Nr. 11 445

1 Geräusche erfahren

Die Geräuschgeschichte

Aufgabe 1: *Übt zunächst, die Geräusche zu machen:*

Schritte	mit den Füßen unter dem Tisch gehen
Vogelgesang	pfeifen
riechen	durch die Nase schnüffeln
Niesen	Hatschi!
Regentropfen	mit den Fingern auf die Tischplatte klopfen
Türknallen	ein Buch zuschlagen

Aufgabe 2: *Einer liest die Geschichte vor. Die anderen hören genau zu und machen an den passenden Stellen die Geräusche.*
Der Vorleser kann auch ansagen, welches Geräusch passt.

Endlich Ferien!

Lea wirft den Ranzen in die Ecke und läuft in den Garten **(Schritte)**. Es ist warm, die Sonne scheint und die Vögel singen **(Vogelgesang)**. Lea legt sich ins Gras. Es duftet so gut! Ein Grashalm kitzelt Lea an der Nase. Sie muss niesen **(Niesen)**. Dann streckt sie die Füße aus und schaut in den Himmel. Die Vögel singen immer noch, werden aber langsam leiser **(Vogelgesang)**. Lea schläft ein.

Sie wacht auf, als ihr ein nasser Tropfen auf die Nase fällt **(Regentropfen)**. Und dann noch einer und noch einer **(Regentropfen)**. Hilfe, es fängt ja ganz fürchterlich an zu schütten **(Regentropfen)**! Schnell springt Lea auf und rennt ins Haus **(Schritte, Regentropfen)**. Sie knallt die Tür hinter sich zu **(Türknallen)**.

Hoffentlich werden diese Ferien noch ein bisschen trockener!

Aufgabe 3: *Denkt euch aus, wie die Geschichte weitergeht.*
Macht auch passende Geräusche dazu.

_____

_____

_____

_____

_____

Erforsche ... den Schall – Bestell-Nr. 11 445 · KOHL VERLAG

1 Geräusche erfahren

Geräusche-Forscher I

EA **Aufgabe 1:** *Schall, Geräusche, Töne, Klänge – was fällt dir zum Thema ein? Schreibe alle Ideen und Beispiele in den Kasten. Du kannst auch etwas malen!*

EA **Aufgabe 2:** *Welche Geräusche kennst du? Schreibe sie in die passenden Spalten der Tabelle. Nimm auch die Ideen aus Aufgabe 1 dazu.*

Geräusche …			
laute	leise	schöne	unangenehme

EA **Aufgabe 3:** *Was findest du am Thema Schall und Geräusche interessant? Was möchtest du wissen? Schreibe mindestens drei Forscherfragen auf.*

1. _____

2. _____

3. _____

Lernen mit Erfolg · KOHL VERLAG · Erforsche … den Schall – Bestell-Nr. 11 445

1 Geräusche erfahren

Geräusche-Forscher II

Aufgabe 1: *Welche Geräusche hörst du im Klassenzimmer, in der Pause, auf dem Schulhof? Überlege oder höre genau hin. Schreibe alles auf.*

EA

_____

_____

_____

Aufgabe 2: *Welche Geräusche hörst du auf dem Schulweg? Überlege oder höre genau hin. Schreibe alles auf.*

EA

_____

_____

_____

Aufgabe 3: *Welche Geräusche hörst du zuhause? Überlege oder höre genau hin. Schreibe alles auf.*

EA

_____

_____

_____

Aufgabe 4: *Stellt euch gegenseitig Geräusche-Rätsel! Dazu wählt jeder ein Geräusch aus den Aufgaben 1-3 aus. Beschreibt es dem Nachbarn, ohne zu viel zu verraten. (Ihr könnt das mündlich tun oder das Rätsel aufschreiben.) Wer errät das Geräusch des anderen schneller?*

PA

Mein Geräusch ... _____

_____

_____

Erforsche ... den Schall – Bestell-Nr. 11 445

1 Geräusche erfahren

Der Hörspaziergang

PA

Aufgabe 1: *Lest euch die Anleitung für den Hörspaziergang genau durch. Es ist wichtig, dass ihr alles versteht und euch an alles haltet!*

Hörspaziergang – so geht's

Ein Partner bekommt mit einem Tuch oder Schal die Augen verbunden, der andere hält ihn am Arm fest. Der Führer führt den Blinden etwa fünf Minuten durch die Schule.

Beachtet dabei diese Regeln:

1. Mund zu, Ohren auf! Ihr sollt nicht sprechen, sondern der Blinde soll aufmerksam hinhören.
2. Beim Führen nicht zerren, sondern vorsichtig sein.
3. Der Führer wählt einen ungefährlichen Weg. Hindernisse mit Klettern oder Bücken sind Tabu.

Nach etwa fünf Minuten wechselt ihr die Rollen.

PA

Aufgabe 2: *Macht euren gemeinsamen Hörspaziergang!*

Tipps:
Wenn ihr den Spaziergang während der Pause macht, gibt es noch mehr zu hören. Ihr könnt auch einen längeren Spaziergang unternehmen, zum Beispiel nach draußen – aber nur, wenn eure Lehrerin/euer Lehrer es erlaubt!

PA

Aufgabe 3: *Unterhaltet euch über eure Erlebnisse.*
Ihr könnt zum Beispiel über diese Fragen sprechen:

a) Was war am Spaziergang angenehm oder unangenehm?
b) Wusstet ihr immer, wo ihr gerade wart?
c) Wie klingen Geräusche mit verbundenen Augen?
d) Konntet ihr alle Geräusche erkennen?
e) Gab es angenehme oder unangenehme Geräusche?
f) Veränderte sich euer Erleben, je länger ihr blind unterwegs wart?

Erforsche ...den Schall – Bestell-Nr. 11 445 KOHL VERLAG

1 Geräusche erfahren

Geräusche raten

Aufgabe 1: *Erstellt ein Geräusche-Rätsel für eine andere Gruppe.*

a) Denkt euch Geräusche aus. Sie sollten in der Schule zu hören oder leicht selbst nachzumachen sein. Schreibt eure Auswahl auf.

1. _____
2. _____
3. _____
4. _____
5. _____

b) Wollt ihr Geräusche selbst machen? Sammelt die Gegenstände, die ihr dazu braucht. Übt es, die Geräusche zu machen.

c) Nehmt die Geräusche mit einem Diktiergerät, einem Kassettenspieler oder einem Handy auf.

d) Malt die Smileys am unteren Seitenrand farbig an und schneidet sie aus.

e) Spielt euer Rätsel einer anderen Gruppe vor. Für jedes richtig erratene Geräusch bekommen sie einen Smiley!

Erforsche ... den Schall — Bestell-Nr. 11 445 · KOHL VERLAG

2 Geräusche beschreiben

Geräusche-Wörter

PA

Aufgabe 1: *Welche Wörter passen zu Geräuschen? Kreise sie ein.*
Welche passen nicht? Streiche sie durch.

PA

Aufgabe 2: *Seht euch die Bilder an. Hier seht ihr Dinge und Lebewesen, die*
Geräusche machen. Erzählt euch von den Geräuschen. Benutzt
dazu die Geräuschwörter von oben.

2 Geräusche beschreiben

Geräusche verändern I

Geräusche können lauter werden – man sagt, sie werden verstärkt. Oder sie werden leiser, man sagt auch: gedämpfter. Das kannst du selbst ausprobieren!

EA

Aufgabe 1: *Du brauchst ein Blatt Papier.*

Rolle es zu einer spitzen Tüte zusammen, so wie eine Schultüte aussieht.

a) Halte das spitze Ende der Tüte an dein Ohr. Halte das andere Ende an eine tickende Uhr. Was bemerkst du?

_____

_____

_____

_____

_____

PA

b) Sage etwas zu deinem Partner.
c) Halte nun das spitze Ende der Tüte an deinen Mund und sage wieder etwas. Hört ihr einen Unterschied?

EA

Aufgabe 2: *Kreuze an, was richtig ist.*

☐ Die Tüte verstärkt das Geräusch.

☐ Die Tüte dämpft das Geräusch.

Erforsche ... den Schall – Bestell-Nr. 11 445   KOHL VERLAG

2 Geräusche beschreiben

Wie klingt das?

Geräusche klingen für jeden unterschiedlich. Was einer schön findet, ist für den anderen sehr unangenehm.

EA

Aufgabe 1: *Betrachte die Bilder. Überlege, welches Geräusch dazu passt. Ist das Geräusch für dich schön oder nicht? Kreuze an.*

	schön	nicht schön
	☐	☐
	☐	☐
	☐	☐
	☐	☐
	☐	☐
	☐	☐

PA

Aufgabe 2: *Denke dir ein Geräusch aus, dass du selbst machen kannst – entweder mit deinem Körper (klatschen, singen …) oder mit einem Gegenstand oder Musikinstrument im Klassenzimmer.*

a) Mache deinem Nachbarn das Geräusch vor.
b) Frage ihn, ob er es schön findet oder nicht.
c) Male passend zur Antwort einen Smiley aus.
d) Laufe durch die Klasse und frage andere Mitschüler.

Mein Geräusch ...

... schön: *... nicht schön:*

KOHL VERLAG   Erforsche ... den Schall – Bestell-Nr. 11 445

2 Geräusche beschreiben

Geräusche verändern II

Aufgabe 1: *Führe die Versuche durch und schreibe auf, was du beobachtest.*

Du brauchst:

a) Blase den Luftballon ein wenig auf und halte ihn mit einer Hand zu. Halte dein Ohr an den Ballon und klopfe dagegen.
Was hörst du?

b) Mache das gleiche noch einmal, aber blase den Luftballon nun stark auf.

kleiner Luftballon: großer Luftballon:

_____   _____

_____   _____

c) Blase den Luftballon auf und lasse die Luft entweichen.
Was hörst du?

_____

d) Blase den Luftballon auf und lasse die Luft entweichen. Halte die Öffnung dabei nah an dein Gesicht. Was spürst du?

_____

e) Blase den Luftballon auf. Halte die Öffnung dabei zwischen Daumen und Zeigefinger fest und lasse die Luft entweichen. Ziehe das Gummi mal weniger, mal stärker auseinander. Was hörst du nun?

_____

_____

_____

Aufgabe 2: *Überlege, warum sich das Geräusch in Versuch 1e verändert.*
Schreibe deine Idee auf.

_____

_____

_____

Erforsche ... den Schall – Bestell-Nr. 11 445
KOHL VERLAG

2 Geräusche beschreiben

Geräusch und Ton

Geräusch und Ton
Ein **Geräusch** ist wechselhaft. Es klingt mal laut, mal leise, mal hoch, mal schrill, mal sanft. Wenn du ärgerlich brummelst, machst du ein Geräusch. Ein **Ton** ist dagegen einheitlich, also immerzu gleich hoch oder tief, laut oder leise, schrill oder sanft. Singst du ein Lied, dann machst du viele verschiedene Töne.

EA

Aufgabe 1: *Verbinde die Eigenschaften in den Kästen mit dem passenden Schall.*

Geräusch		Ton

wechselhaft

einheitlich

mal hoch, mal tief

mal schrill, mal sanft

immer gleich hoch oder tief

EA

Aufgabe 2: *Mache die folgenden Geräusche. Entscheide, ob du ein Geräusch oder einen Ton gehört hast. Schreibe es auf.*

a) singen   **Ton**

b) mit den Fingern auf den Tisch trommeln

_____

c) schnalzen

_____

d) eine Klaviertaste drücken

_____

e) pfeifen

_____

f) fauchen

_____

Erforsche ... den Schall – Bestell-Nr. 11 445

Lernen mit Erfolg
KOHL VERLAG

2 Geräusche beschreiben

Geräusche-Merkspiel

Aufgabe 1: Das braucht ihr:

- 16 Toilettenpapierrollen
- Papier
- Schere und Klebefilm
- Perlen, Sand, Reis, Glöckchen, Büroklammern, Knöpfe …

So bastelt ihr:

a) Schneidet aus dem Papier 32 Quadrate, etwa 6 x 6 cm groß.
b) Klebt eine Öffnung jeder Rolle mit einem Papierquadrat und Klebefilm zu.
c) Füllt nun immer zwei Rollen genau gleich. Ihr könnt zum Beispiel je drei Büroklammern hineintun oder je einen Löffel Reis oder je ein Glöckchen. Ihr könnt auch zwei Rollen leer lassen! Wichtig ist, dass die beiden Rollen später, wenn man sie schüttelt, genau gleich klingen.
d) Verschließt dann auch die zweite Öffnung der Rollen mit Papier.

Tipp: Schreibt auf das Papier ganz klein, was in der Rolle drin ist. So könnt ihr später überprüfen, ob ihr auch wirklich Paare gefunden habt.

So spielt ihr:

Mischt die Rollen und stellt sie nebeneinander auf den Tisch – die Lösung natürlich nach unten! Der erste Spieler nimmt zwei Rollen und schüttelt sie nacheinander. Er beschreibt kurz, was er hört, z.B. „Das klingt hoch und schrill" oder „Das klingt leise."
Klingen beide Geräusche gleich? Dann darf der Spieler das Paar behalten. Er wählt nun zwei neue Rollen aus und schüttelt sie. Klingen die Rollen unterschiedlich? Dann werden sie zurück an ihren Platz gestellt. Nun ist der nächste Spieler an der Reihe. Wer findet die meisten Geräuschpaare?

Ihr könnt auch so spielen:

Stellt nur die Hälfte der Rollen auf den Tisch – alle mit unterschiedlichen Geräuschen. Ein Spieler dreht sich weg. Ein anderer wählt eine Rolle aus, schüttelt sie mehrmals und stellt sie wieder hin. Der erste darf nun nacheinander alle Rollen schütteln. Findet er die eben gehörte Rolle wieder?

Kohl VERLAG   Erforsche … den Schall – Bestell-Nr. 11 445

Hoch und tief

EA

Aufgabe 1: *Du brauchst eine Stricknadel. Lege sie auf die Tischkante, sodass ein Ende übersteht. Halte sie mit einer Hand gut fest.*

    a) Drücke die freie Spitze der Nadel mit einer Hand leicht nach unten und lasse dann los. Was hörst du?

    b) Verschiebe die Stricknadel so, dass das Stück in der Luft mal kürzer, mal länger ist. Lasse wieder Töne erklingen. Probiere es mehrmals aus. Hörst du einen Unterschied?

    c) Schreibe auf, was du beobachtest.

Wenn das Nadelstück in der Luft _____ ist, dann klingt der

Ton _____ .

Wenn das Nadelstück in der Luft _____ ist, dann klingt der

Ton _____ .

EA

Aufgabe 2: *Lies den Sachtext im Kasten.*

Hohe und tiefe Töne

Bestimmt singst du manchmal. Dabei kannst du im Bauch Brummeltöne machen wir ein Bär – das sind **tiefe** Töne. Oder du piepst wie ein junger Vogel – das sind **hohe** Töne.

Auch bei Musikinstrumenten gibt es das. Bei einer Gitarre zum Beispiel kannst du die Saiten – die langen Drähte an der Vorderseite – gut sehen. Zupft der Musiker eine Saite, fängt sie an zu schwingen. Ein Ton erklingt. Nun drückt er mit der anderen Hand auf die Saite. Das Stück, das nun schwingt, ist kürzer und der Ton klingt höher.

Auch bei vielen anderen Instrumenten (Geigen, Glockenspielen, …) funktioniert das so: je **kürzer** das schwingende Stück, umso **höher** der Ton. Je **länger** das schwingende Stück, desto **tiefer** der Ton.

Erforsche … den Schall – Bestell-Nr. 11 445

2 Geräusche beschreiben

Wer schluckt die Geräusche?

Aufgabe 1: *Du brauchst einen Wecker, einen Tisch und ein größeres Stück Stoff (Pullover, Jacke, Decke). Führe den Versuch durch und schreibe dann auf, was du bemerkt hast.*

a) Halte den Wecker in der Hand und höre auf sein Klingeln.
b) Lege ihn auf den Tisch. Was hörst du?
c) Lege den Wecker nun auf den Stoff. Höre genau hin.
d) Wickele ihn zuletzt in den Stoff ein. Was hörst du jetzt?

Tipp*: Du kannst auch ein klingelndes Handy oder einen MP3-Spieler verwenden.*

a) Der Wecker klingt _____ .

b) Er klingt _____ .

c) Er klingt _____ .

d) Er klingt _____ .

Aufgabe 2: *Lies das Ergebnis des Wecker-Experiments. Streiche jeweils das falsche Wort durch.*

Ergebnis*: Harte Gegenstände verstärken/schwächen den Schall, weiche Gegenstände verstärken/schwächen ihn.*

Aufgabe 3: *Lies den Text.*

„Verschluckte" Geräusche

Auch in der Natur werden manche Geräusche „verschluckt", also von weichen Materialien gedämpft. Das passiert zum Beispiel, wenn Schnee liegt. Plötzlich kommt einem die ganze Welt leise vor – der weiche Schnee dämpft die Geräusche.
In Häusern kann man das auch beobachten: Im leeren Treppenhaus mit den Steinstufen klingt das gleiche Geräusch viel lauter, als wenn du es im Zimmer mit Sofa, Teppich und Vorhängen machst.

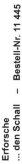

Erforsche ... den Schall – Bestell-Nr. 11 445 KOHL VERLAG

2 Geräusche beschreiben

Verstärken und dämpfen

Aufgabe 1: *Du brauchst: eine Stimmgabel, ein Stück Schaumstoff, einen Tisch, eine Fensterscheibe, eine Tafel, einen Lappen, einen leeren Becher.*

a) Schlage die Stimmgabel an und verstärke den Schall.
b) Schlage die Stimmgabel an und dämpfe den Schall.

Aufgabe 2: *Womit konntest du den Schall gut verstärken, womit dämpfen? Schreibe deine Beobachtungen auf.*

Verstärken: _____

_____

_____

Dämpfen: _____

_____

_____

Aufgabe 3: *Habt ihr eine Gitarre oder Geige in der Klasse? Schlage die Stimmgabel an und halte sie an den Kasten des Instruments. Was geschieht?*

_____

Aufgabe 4: *Lies den Sachtext und beantworte die Frage.*

> **Klangkörper**
>
> Viele Musikinstrumente haben einen extra Klangkörper. Dieser verstärkt den Ton. Bei der Geige etwa schwingt die Saite, wenn man sie mit dem Bogen streicht. Die Saiten verlaufen über dem hohlen Klangkörper – dem geschwungenen Kasten aus Holz. Damit der Ton besonders schön klingt, hat der Körper eine ganz spezielle Form. Nur gelernte Geigenbaumeister können solche Instrumente bauen.

Kennst du noch mehr Instrumente mit einem hohlen Klangkörper?

_____

Lernen auf Abruf KOHL VERLAG Erforsche ... den Schall – Bestell-Nr. 11 445

2 Geräusche beschreiben

Ton, Klang, Geräusch und Knall

Aufgabe 1: *Du weißt schon: Beim Schall ist die Luft in Bewegung. Aber sie klingt nicht immer gleich! Experten unterscheiden daher verschiedene Arten von Schall.*
Lies die Sachtexte und unterstreiche die wichtigsten Wörter.

EA

Geräusch

Ein Geräusch ist ein wechselhaftes, uneinheitliches Gemisch von Schwingungen, z. B. hohe und tiefe oder laute und leise. Geräusche können sich verändern. Geräusche hörst du zum Beispiel im Straßenverkehr oder auf dem Pausenhof.

Ton

Ein Ton ist ein gleichmäßiges, einheitliches Geräusch. Musiker erzeugen auf einer Geige oder einer Flöte einen Ton.

Klang

Erklingen mehrere Töne gleichzeitig, nennt man das Klang.

Knall

Von Knall spricht man bei einer kurzen, starken Schwingung. Das Zuschlagen einer Tür, in die Hände klatschen – bei einem Knall kann man sich ziemlich erschrecken.

Aufgabe 2: *Ayla und Ben unterhalten sich. Lies, was sie sagen.*
Kannst du die Lücken ausfüllen?

EA

„Heute Morgen ist meiner Mutter ein Buch heruntergefallen.

Mann, bei dem _____ war ich echt wach! Ich habe mir

gleich den MP3-Player ins Ohr gestöpselt. Die Songs meiner

Lieblingsband, das ist der beste _____ überhaupt!"

| Knall | Geräusch | Klang | Ton |

„Mein „Wecker" war auch ein blödes _____ :

Der Müllwagen, der vor meinem Fenster anfuhr.

Das verstehe ich. Ich mag es aber auch, auf meiner Querflöte

zu üben. Das ist so ein schöner _____ ."

Erforsche ...den Schall – Bestell-Nr. 11 445 KOHL VERLAG

2 Geräusche beschreiben

Ton, Klang, Geräusch und Knall unterscheiden

Aufgabe 1: *Du weißt bereits, wie sich Ton, Klang, Geräusch und Knall unterscheiden. Probiere die vier Experimente aus und entscheide, ob dabei ein Ton, ein Klang, ein Geräusch oder ein Knall entstehen.*

EA

a) <u>*Du brauchst einen:*</u>

    1. *Blase den Luftballon auf und halte ihn am Hals zu.*
    2. *Stich mit der Nadel in den Ballon, sodass er platzt.*

    ⇨ *Ich höre ein(en)* _____.

b) <u>*Du brauchst:*</u>

    1. *Zerknülle das Blatt in deinen Händen.*

    ⇨ *Ich höre ein(en)* _____.

c) <u>*Du brauchst:*</u>

    1. *Halte die Stimmgabel am dicken Ende fest.*
    2. *Klopfe das andere Ende gegen den Tisch und halte es dann nah an dein Ohr.*

    ⇨ *Ich höre ein(en)* _____.

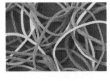

d) <u>*Du brauchst:*</u>

    1. *Hänge das Gummi in deine Daumen ein und ziehe sie auseinander. Das Gummi spannt sich.*
    2. *Zupfe mit den kleinen Fingern gleichzeitig an beiden Teilen des Gummis.*

    ⇨ *Ich höre ein(en)* _____.

Erforsche ... den Schall – Bestell-Nr. 11 445

Lernen mit Erfolg
KOHL VERLAG

3 Wie entsteht Schall?

So entsteht Schall

Ihr braucht: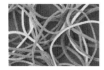

Einer spannt das Gummi zwischen beiden Händen. Der andere zupft daran.

PA

Aufgabe 1: *Beobachtet nun und hört genau hin. Schreibt oder malt in den Kasten, was ihr gesehen und gehört habt.*

```
[leerer Kasten]
```

PA

Aufgabe 2: *Überlegt nun: Was passiert, wenn ihr erst am Gummi zupft und es dann anhaltet? Probiert es aus. Schreibt oder malt wieder auf, was geschehen ist.*

```
[leerer Kasten]
```

PA

Aufgabe 3: *Lest dann den Text im Kasten oder lasst ihn euch vorlesen.*

> **Ein Gegenstand schwingt**
>
> Schall entsteht, wenn sich ein Gegenstand bewegt. Er bewegt sich aber nicht irgendwie, sondern er schwingt wie das Gummiband schnell hin und her. Wird diese Schwingung gestoppt, hört der Schall auf.
>
> **Aber Achtung**: Meist kann man die Schwingung nicht sehen!

Erforsche ...den Schall – Bestell-Nr. 11 445
KOHL VERLAG

3 Wie entsteht Schall?

Schall entsteht, wenn etwas schwingt

Aufgabe 1: *Du weißt schon, wie Schall entsteht. Setze die wichtigsten Begriffe in den Lückentext ein.*

Gegenstand	Schall

✎ _____ entsteht,

wenn sich ein _____ *sehr schnell hin- und herbewegt.*

hören	Schwingung

Zu der Bewegung sagen wir auch _____.

Dann können wir etwas _____.

Aufgabe 2: *Zur Entstehung des Schalls kannst du dir einen Merksatz einprägen:*

Schall entsteht, wenn etwas schwingt!

a) Schreibe den Merksatz auf die Linie im Kasten.
b) Markiere die wichtigsten Wörter im Merksatz farbig.
c) Male passend zum Merksatz etwas in den Kasten, dann lernst du ihn viel leichter!

✎ _____

Lernen mit Erfolg   KOHL VERLAG   Erforsche … den Schall – Bestell-Nr. 11 445

3 Wie entsteht Schall?

Luft zum Hören

EA

Aufgabe 1: *Du brauchst:* *und eine Spirale*

      a) Einer spannt das Gummiband zwischen zwei Fingern. Er hält es nah an ein Ende der Spirale.

      b) Der andere zupft so am Gummiband, dass es die Spirale anstößt.

GA

Aufgabe 2: *Was seht ihr? Schreibt oder malt in den Kasten.*

GA

Aufgabe 3: *Lest den Sachtext oder lasst ihn euch vorlesen.*

> **Luft zum Hören**
>
> Wenn das Gummiband schwingt, stößt es die Teilchen der Luft um sich herum an. Diese stoßen wiederum die nächsten Teilchen an – und immer so weiter, bis sogar die Luft in unserem Ohr bewegt wird. Das kannst du dir so ähnlich vorstellen, wie wenn die Spirale vom Gummiband angeschubst wird. Die Bewegung des Gummibands können wir nicht hören, aber die Bewegung der Luft!

KOHL VERLAG Erforsche ...den Schall – Bestell-Nr. 11 445

3 Wie entsteht Schall?

Was schwingt?

Aufgabe 1: *Du hast schon gelernt: Schall entsteht, wenn etwas schwingt.*
Aber was schwingt?

EA

Ein fester Gegenstand/eine Flüssigkeit/die Luft kann schwingen.

Führe die Experimente durch und beobachte genau.
Streiche jeweils die falschen Wörter durch.

a) Schlage mit dem Schlegen auf ein Glockenspiel oder Xylophon.

b) Schlage mit dem Schlegen seitlich an eine Schale voller Wasser.

c) Pfeife ein paar Töne.

Aufgabe 2: *Also: Schall kann sich in Gegenständen, Flüssigkeiten und der Luft ausbreiten. Aber wie können wir ihn mit unseren Ohren hören?*
Überlege und schreibe das passende Wort auf.

EA

Wir hören nur Schwingungen, die durch die _____ in unser Ohr kommen.

Erforsche ... den Schall — Bestell-Nr. 11 445

3 Wie entsteht Schall?

Schwingungen und Kurven

Aufgabe 1: *Du kennst den Merksatz: Schall entsteht, wenn etwas schwingt! Aber was ist eigentlich so eine Schwingung? In diesen Experimenten kann man die Schwingung gut sehen. Erinnere dich an sie, wenn du sie schon kennst, oder führe sie jetzt durch.*

EA

a) Du brauchst:

    - Spanne das Gummi zwischen deinen Daumen.
    - Zupfe mit einem Finger daran.

b)

    - Schlage die Stimmgabel auf die Tischkante.
    - Halte sie dann ins Wasser.

Aufgabe 2: *Wie könnte man die Schwingung des Gummibands und des Wassers aufzeichnen? Überlege und male in die Kästen.*

EA

Gummiband: *Wasser:*

Aufgabe 3: *Experten zeichnen eine Schwingung so auf. Sie nennen das auch Kurve. Zeichne die Schwingungen aus dem Experiment ebenfalls als Kurve auf.*

EA

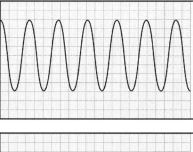 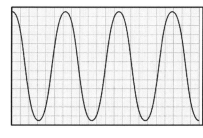

Erforsche ... den Schall – Bestell-Nr. 11 445

KOHL VERLAG

3 Wie entsteht Schall?

Wasser macht Musik

 Aufgabe 1: *Du brauchst:*

EA

Blechdose   **Krug**   **Gießkanne**   **Glasflasche**

Stelle verschiedene leere Gefäße nach draußen. Wenn es regnet, kannst du dem Orchester lauschen!

 Aufgabe 2: *Du brauchst:*

EA

Weingläser   **Wasser**

a) Fülle ein Weinglas mit Wasser.
b) Tauche den Zeigefinger ins Wasser und streiche fest über den Glasrand, bis ein singender Ton entsteht.
c) Probiere aus, wie viel Wasser du in die verschiedenen Gläser füllen musst, damit schöne Töne erklingen.

 Aufgabe 3: *Du brauchst:*

EA

Schlegel   **Wasser**   **Glasflaschen**

a) Fülle die Flaschen unterschiedlich voll.
b) Schlage mit den Schlegeln an die Flaschen. Probiere aus, wie viel Wasser du hineintun musst, damit viele schöne Töne erklingen.

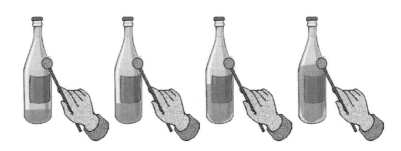

Erforsche ... den Schall – Bestell-Nr. 11 445
Lernen mit Erfolg KOHL VERLAG

3 Wie entsteht Schall?

Dein Orchester I

Für dein eigenes Orchester kannst du ganz verschiedene Instrumente selbst bauen!

Rassel

EA

Du brauchst:

Kleister   **Zeitungspapier**   **Luftballon**   **trockener Reis**

a) Rühre den Kleister an wie auf der Packung angegeben.
b) Bedecke den Tisch mit einer alten Zeitung. Reiße zwei bis drei weitere Zeitungsseiten in kleine Schnipsel.
c) Fülle in einen Luftballon eine handvoll Reis, dann bläst du ihn auf und machst am Ende einen festen Knoten
d) Bestreiche den Ballon mit Kleister und klebe mehrere Lagen Papierschnipsel darauf. Lasse alles mindestens 24 Stunden trocknen.
e) Nun stich mit einer dünnen Nadel in den Luftballon, damit er im Inneren zerplatzt. Nun kannst du rasseln!

> **Tipp:** *Du kannst die Rassel mit Wasserfarben bemalen, mit Aufklebern oder Glitzerpuder gestalten oder als letzte Schicht Papierschnipsel gemustertes Papier in deinen Lieblingsfarben verwenden.*

Trommel

EA

Du brauchst:

Schlegel aus Kork und Spießen   **Trommel aus Konservendose & Papierumrandung**

a) Stecke auf jeden Spieß einen Korken. Wenn noch kein Loch im Korken ist, bitte deinen Lehrer, mit dem Korkenzieher eins vorzubohren. Das sind die Schlegel.
b) Lege eine leere Konservendose an den Rand eines Blatts Papier. Male mit dem Stift direkt neben der Rolle, während du sie einmal über das Blatt rollst. Schneide den Papierstreifen so aus.
c) Bemale den Streifen nach deinem Geschmack und klebe ihn rundherum auf die Dose. Das ist die Trommel.

> **Tipp:** *Probiere verschiedene Gefäße als Trommel aus (Joghurtbecher, Pappschachtel, Blumentöpfe …). Wenn du weichen Stoff um den Schlegel spannst, veränderst du den Klang ebenfalls.*

Erforsche … den Schall — Bestell-Nr. 11 445 · KOHL VERLAG · Lernen mit Erfolg

3   Wie entsteht Schall?

Dein Orchester II

Baue noch mehr Instrumente für dein Orchester!

Löffelklappern und Klanghölzer

 Du brauchst:

EA

zwei große Holzlöffel, Säge, Schleifpapier, Handbohrer mit 5-mm-Bohrer, feste Schnur (etwa 30 cm lang)

a) Säge die Stiele der beiden Löffel kurz unter dem dicken Ende ab.

b) Schleife alle Sägekanten mit Schleifpapier glatt.

c) Bohre mit dem Handbohrer je zwei Löcher am unteren Rand der Löffelteile.

d) Lege die beiden Löffelteile mit der Wölbung nach außen aufeinander. Fädele die Schnur durch die Löcher und verknote sie so, dass du locker zwei Finger hindurchstecken kannst.

> Zum Spielen schiebst du Zeige- und Mittelfinger durch die Schnur und klopfst mit diesen beiden die Löffelklapper gegen deine Handfläche.
> Die beiden Löffelstiele kannst du aufeinander schlagen. Am besten klingt es, wenn du einen Stiel mit allen Fingern festhältst, sodass deine Hand darunter eine Schale bildet. Das ist dann ein toller Klangkörper!

Gitarre

Du brauchst:

Unterteil vom Schuhkarton, Lineal, Bleistift, Küchenmesser, fünf lange Gummiringe

a) Miss eine kurze Seite des Schuhkartons aus und teile die Zahl durch 6. Markiere diese Abschnitte auf dem oberen Rand des Schuhkartons – an beiden kurzen Seiten.

b) Schneide die fünf Markierungen auf jeder Seite mit dem Messer etwa 1 cm tief ein.

c) Spanne die Gummibänder um den Karton und schiebe jedes in einen Schlitz.

Zum Spielen zupfst du an den Gummis. Je stärker sie zwischen den Schlitzen gespannt werden, umso höher klingt der Ton.

> **Tipp:** Du kannst die Löffelklappern und Klanghölzer mit Acrylfarben bemalen und lackieren. Den Schuhkarton der Gitarre kannst du nach deinem Geschmack mit buntem Papier bekleben oder bemalen.

Lernen mit Erfolg   KOHL VERLAG   Erforsche ... den Schall   –   Bestell-Nr. 11 445

3 Wie entsteht Schall?

Das Lippenorchester

EA

Aufgabe 1: *Du brauchst verschiedene Stifte mit Kappe. Halte eine Kappe mit der Öffnung nach oben vor deinen Mund. Blase mit gespitzten Lippen dicht über den Rand. Lasse so mit verschiedenen Kappen verschiedene hohe und tiefe Töne entstehen.*

EA

Aufgabe 2: *Lies den Sachtext.*

Luft schwingt

Hast du schon einmal über eine Stiftkappe oder einen Flaschenhals gepustet? Auch dabei entsteht ein Ton. Du bringst allerdings nicht (wie bei der Gitarre) einen Gegenstand (wie eine Saite) zum Schwingen, sondern gleich die Luft.

Ist die Flasche leer, schwingt eine lange Luftsäule vom Boden bis zum Hals. Ist die Flasche voll, schwingt nur eine sehr kurze Luftsäule – von der Wasseroberfläche bis zum Hals. So kannst du tiefe und hohe Töne erzeugen.

GA

Aufgabe 3: *Jeder nimmt eine Flasche und füllt Wasser hinein. Erzeugt durch Pusten auf dem Flaschenhals unterschiedliche Töne.*

a) Befüllt eure Flaschen mit unterschiedlich viel Wasser. Erzeugt so Töne, die gut zueinander passen. Pustet gleichzeitig und erzeugt Klänge.

b) Denkt euch eine Melodie aus und spielt sie auf euren Flaschen. Dabei müsst ihr immer nacheinander pusten.

c) Führt euer Musikstück der Klasse vor.

Erforsche ... den Schall – Bestell-Nr. 11 445
KOHL VERLAG

3 Wie entsteht Schall?

Der Geräuschemacher

Aufgabe 1: *Lest den Sachtext. Ihr könnt leise jeder für sich lesen oder einer aus der Gruppe liest ihn vor.*

> **Der Geräuschemacher**
> Hast du schon einmal darauf gelauscht, welche Geräusche bei einem Comicfilm oder in einem Hörspiel erklingen? Man hört nicht nur Personen sprechen, sondern auch zahllose Geräusche: Türenklappern, Schritte, das Brummen von Autos und noch viel mehr.
> Die Geräusche werden extra für den Film oder das Hörspiel aufgenommen. Das macht ein Geräuschemacher. Er ahmt Geräusche nach und nimmt sie auf. Läuft im Film etwa jemand, dann macht der Geräuschemacher Schritte auf einem Holzfußboden, auf Fliesen, Staub, Teppich oder Beton nach – je nachdem, was zur Geschichte passt. Wenn sich jemand bewegt, knetet der Geräuschemacher mit einem Tuch – so als ob die Kleidung raschelt. So klingt jeder Film und jedes Hörspiel ganz echt, auch wenn die Geräusche nur nachgemacht sind.

Aufgabe 2: *Macht selbst Geräusche nach. Hier findet ihr ein paar Ideen:*

 a) Probiert Schritte auf ganz verschiedenen Böden.

 b) Für das Knistern von Feuer könnt ihr in Streifen geschnittenes Papier nehmen.

 c) Schlägt eine Tür zu, könnt ihr mit einem Buch auf den Tisch schlagen. Und eine quietschende Tür?

 d) Wie klingt das Ticken einer Uhr? Wie Tasten an einer Tastatur? Oder wie das Schnipsen zweier Fingernägel?

Aufgabe 3: *Denkt euch eine kurze Geschichte aus und probt passende Geräusche dazu. Spielt euer Hörspiel der Klasse vor.*

Lernen mit Erfolg   KOHL VERLAG   Erforsche ... den Schall – Bestell-Nr. 11 445

4 Wie hören wir?

Ohren zu!

Aufgabe 1: *Unterhaltet euch über eure Ohren und das Hören. Reihum darf nun einer aufhören zu sprechen und seine Augen und Ohren schließen. Schreibt auf, was ihr erlebt.*

Augen zu: Ich sehe _____

Ohren zu: Ich _____

Aufgabe 2: *Sicher habt ihr es gemerkt: Die Ohren können wir nicht schließen! Lest den Sachtext oder lasst ihn euch vorlesen.*

> **Ohren zu?**
> Unsere Augen können wir zumachen, unsere Ohren nicht. Sie sind immer „wach", auch nachts. Sie können zum Beispiel ein schnelles Auto hinter einer Kurve hören, dass du noch gar nicht siehst. Sie warnen uns also vor Gefahren, sogar im Schlaf.
> **Aber:** Die offenen Ohren sind auch ungeschützt, z. B. vor einem sehr lauten Knall.

Aufgabe 3: *Was kann passieren, weil die Ohren immer offen sind? Beratet euch in der Gruppe. Schreibt oder malt in den Kasten.*

Aufgabe 4: *Wie könnt ihr eure Ohren vor unerwünschten Geräuschen schützen? Überlegt in der Gruppe. Schreibt oder malt dann in den Kasten.*

Aufgabe 5: *Erzählt der Klasse, was ihr herausgefunden habt.*

Erforsche ... den Schall — Bestell-Nr. 11 445 KOHL VERLAG

4 Wie hören wir?

Wir hören

PA

Aufgabe 1: *Hören – woran denkst du bei dem Wort? Was weißt du schon darüber? Sammelt gemeinsam eure Ideen. Schreibt oder malt sie in den Kasten.*

PA

Aufgabe 2: *Sicher weißt du es längst: Wir brauchen unsere Ohren zum Hören. Aber wie macht das Ohr das?*

Du brauchst: Knete

a) Betrachte das Ohr deines Nachbarn genau.
b) Forme es aus Knete.

PA

Aufgabe 3: *Lies den Sachtext oder lass ihn dir vorlesen.*

> **Die Ohrmuschel**
>
> Der Teil des Ohres, den man außen sieht, heißt Ohrmuschel. Siehst du die Rillen darin? Sie verändern den Schall ein wenig. Je nachdem, wie der Schall verändert wurde, weiß das Gehirn nun: Das Geräusch kommt von oben, von unten, von vorne oder von hinten.
>
> Die Rillen sind bei jedem Menschen unterschiedlich!

Lernen mit Erfolg KOHL VERLAG · Erforsche ... den Schall – Bestell-Nr. 11 445

4 Wie hören wir?

Unser Ohr I

Aufgabe 1: Betrachte das Bild vom Ohr oder dein gekneteres Ohr. Wie heißen die Teile des Ohres? Lies die Wörter und schreibe sie passend auf die Linien.

EA

| Ohrmuschel |
| Ohrläppchen |
| Gehörgang |

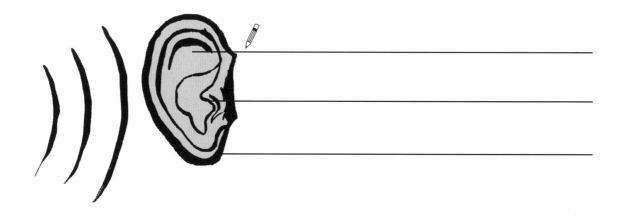

Aufgabe 2: Du kennst nun den Teil des Ohres, den man von außen sehen kann. Ist das schon alles? Überlege und kreuze an.

EA

☐ Ja, wir brauchen nur Ohrmuschel, Ohrläppchen und Gehörgang zum Hören.

☐ Nein, der wichtigste Teil des Ohres liegt im Inneren des Körpers.

Tipp: Überlege: Wohin führt der eigentlich Gehörgang?

Erforsche ... den Schall – Bestell-Nr. 11 445

KOHL VERLAG

4 Wie hören wir?

Hören in alle Richtungen

Ihr wisst bereits: Unsere Ohren können unterscheiden, aus welcher Richtung ein Geräusch kommt: von oben oder unten, von vorne, von hinten, von links oder von rechts. Das könnt ihr zu zweit prima ausprobieren!

PA

Aufgabe 1: *Einer sitzt auf einem Stuhl und bekommt die Augen verbunden.*

   a) Der Partner sagt den Namen des „Blinden".

   b) Dabei geht er mal in die Hocke oder stellt sich hin, läuft hinter oder vor den Lauscher.

   Kann dieser immer die richtige Richtung erraten?

PA

Aufgabe 2: *Der Blinde wählt nun ein Lieblingsgeräusch. Das kann ein Körpergeräusch wie Pfeifen oder Singen sein, aber auch ein Instrument (Triangel, Trommel …) oder ein Gegenstand (auf Flasche pfeifen, an Glas klopfen …).*

   a) Der Partner macht das Geräusch und geht dabei langsam und <u>vorsichtig</u> durch die Klasse.

   b) Der Blinde folgt seinem Lieblingsgeräusch. Hoffentlich verliert er seinen Führer nicht!

   Tipp: *Vergesst nicht, die Rollen zu tauschen.*

GA

Aufgabe 3: *Zwei Schüler stellen sich in zwei nebeneinander liegende Ecken des Klassenzimmers, ein dritter steht an der Wand dazwischen. Alle anderen sitzen oder stehen mit dem Rücken zu ihnen im Raum.*

   a) Abwechselnd ruft einer der drei Schüler laut: „Wo bin ich?"

   b) Die Gruppe rät, ob der Ruf von links, von rechts oder aus der Mitte kam.

Lernen mit Zukunft KOHL VERLAG Erforsche … den Schall – Bestell-Nr. 11 445

4 Wie hören wir?

Was ist Lärm?

> **Lärm**
> Geräusche, das sind nicht nur Musik und nette Worte. Geräusche können wir auch störend finden, zu laut, nervig oder einfach blöd. Diese nennt man Lärm. Lärm kann richtig krank machen.

EA

Aufgabe 1: *Denke an die Geräusche, die du jeden Tag hörst.*
Schreibe mindestens zwei Beispiele in jedes Feld der Tabelle.

Tageszeit und Ort	Geräusche
morgens beim Aufwachen	
in der Schule	
nachmittags beim Spielen	
abends zuhause	

EA

Aufgabe 2: *Welche Geräusche sind für dich Lärm? Markiere sie in einer Farbe, die du nicht magst.*

EA

Aufgabe 3: *Schreibe deine Lärmgeräusche einzeln auf die Karten am Seitenende. Schneide sie aus. Sammelt die Karten der ganzen Klasse in einer Lärmkiste.*

Erforsche ... den Schall – Bestell-Nr. 11 445
KOHL VERLAG

4 Wie hören wir?

Lärm schadet

PA

Aufgabe 1: *Lärm kann die Ohren schädigen. Dann kann man nicht mehr richtig hören. Wie das ist, könnt ihr selbst ausprobieren.*
Ihr braucht: Ohrstöpsel

a) Einer steckt die Ohrstöpsel in die Ohren oder drückt sich die Ohren mit zwei Fingern zu.

b) Der andere spricht mit ihm, singt oder macht andere Geräusche.

c) Tauscht die Rollen. Was erlebt ihr?

PA

Aufgabe 2: *Lest den Sachtext oder lasst ihn euch vorlesen. Beantwortet dann gemeinsam die Fragen.*

Lärm macht krank

Egal ob Autoverkehr, laute Musik oder sich lauthals streitende Geschwister: Lärm kann nicht nur richtig nerven, er kann sogar krank machen! Zum einen, das kannst du dir leicht vorstellen, schädigt großer Lärm das Ohr. Nach einem lauten Popkonzert merkt man schon, dass man ein paar Stunden schlecht hört. Bauarbeiter, die jahrelang den Presslufthammer bedienen, können für immer schwerhörig werden.

Zum anderen macht Lärm auch den Rest des Körpers krank. Lärm auszuhalten ist für den Körper großer Stress. Und Stress kann auf Dauer zu vielen Krankheiten führen, besonders häufig zu Herzinfarkten. Darum ist es so wichtig, sich und seine Mitmenschen vor dauerndem Krach zu schützen!

---

a) Welche Beispiele für Lärm werden genannt? Schreibt drei auf.

_____

b) Wie nennt man es, wenn man schlecht hören kann? Ergänze das Wort.

S___ W____ H_____

c) Welche beiden Körperteile werden besonders oft von Lärm geschädigt?

_____

_____

Lernen mit Erfolg KOHL VERLAG ... den Schall — Bestell-Nr. 11 445 Erforsche

4 Wie hören wir?

Die Krachmacher

Aufgabe 1: *Wie könnt ihr Lärm machen? Stampfen, schreien, kreischen, auf den Tisch klopfen …*

a) Überlegt zuerst kurz, wie ihr Lärm machen wollt.

b) Auf ein Zeichen des Lehrers hin macht ihr alle Krach, so viel ihr könnt. Beim nächsten Zeichen hört ihr wieder auf.

c) Macht das ein paar Mal. Überlegt dann genau: Wie fühlt ihr euch beim Lärm? Schreibt oder malt in den Kasten.

Aufgabe 2: *Schreibt euren Lärm auf weitere Lärmkarten.*

a) Legt auch diese in die Lärmkiste.

b) Entscheidet nun, was ihr mit den Lärmkarten tun wollt. Ins Altpapier schmeißen? Behalten? Mit nach Hause nehmen?

Aufgabe 3: *Überlegt, wie ihr euch vor Lärm schützen könnt. Schreibt eure Ideen auf ein Plakat. Vereinbart wichtige Regeln für die ganze Klasse und schreibt diese ebenfalls auf.*

Lärm

Nicht jedes Geräusch ist für jeden Menschen Lärm. Wenn man viel und oft Lärm ausgesetzt ist, kann man krank werden: Das Gehör wird schlechter, man bekommt Kopfschmerzen, wird gereizt …

KOHL VERLAG   Erforsche … den Schall – Bestell-Nr. 11 445

4 Wie hören wir?

Unser Ohr II

PA

Aufgabe 1: *Ihr braucht: einen Trichter, einen Becher mit Wasser.*

a) Haltet den Trichter mit dem schmalen Ende ins Wasser. Wartet kurz, bis sich die Wasseroberfläche beruhigt hat. Ihr müsst den Trichter ganz still halten!

b) Sprecht laut in den Trichter hinein und beobachtet die Wasserfläche. Was passiert?

_____

_____

Aufgabe 2: *Lest den Text. Tragt in die Lücken ein, welcher Teil des Trichter-Versuchs für welchen Teil des Ohrs steht.*

die Wasseroberfläche	die Schale	der lange, dünne Teil

Die Ohrmuschel, die man von außen sieht, fängt die Schallwellen ein – genau

wie _____ des Trichters. Dann wird er durch den engen

Gehörgang ins Innere des Körpers geleitet – am Trichter ist

das _____. Nun treffen die Schallwellen auf das Trommelfell.

Diese dünne Haut wird von den Schallwellen wie eine Trommel angeschlagen

und beginnt zu schwingen. Im Versuch ist das _____.

EA

Aufgabe 3: *Hier siehst du eine Zeichnung eines Ohres. Schreibe die passenden Begriffe auf die Linien.*

Ohrmuschel	Trommelfell	Ohrläppchen	Gehörgang

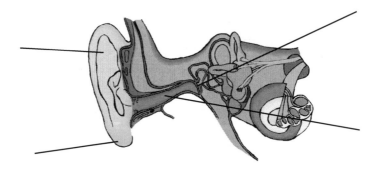

Lernen mit Erfolg KOHL VERLAG Erforsche ... den Schall – Bestell-Nr. 11 445

4 Wie hören wir?

Der Weg des Schalls durch den Körper

Aufgabe 1: *Lies den Sachtext und bearbeite die Aufgaben.*

EA

> Du weißt schon: Der Schall wird über die Ohrmuschel und den Gehörgang auf das Trommelfell geleitet. Dieses fängt an, zu schwingen. Das Trommelfell ist mit drei Knochen verbunden, die nun ebenfalls schwingen. Wegen ihrer Form heißen die winzigen Knöchelchen Hammer, Amboss und Steigbügel.

a) *Was tun die Gehörknöchelchen Hammer, Amboss und Steigbügel?*

Sie _____ .

> Die Gehörknöchelchen geben ihre Bewegung im Innenohr an die Schnecke ab. Das ist ein Hohlraum im Knochen, der wie ein Schneckenhaus gewunden ist. Die Schnecke ist mit Flüssigkeit gefüllt, die nun genau wie vorher das Trommelfell und die Gehörknöchelchen hin und her schwingt.

b) *Welches „Tier" lebt im Innenohr?*

Die _____ .

> Am Ende der Schnecke sitzen spezielle Zellen – das sind Mini-Bausteine des Körpers. Sie machen aus der Bewegung Botschaften für das Gehirn, die Nervenimpulse. Das Gehirn weiß nun zum Beispiel, ob ein hoher, ein weit entfernter oder ein sehr lauter Ton beim Ohr ankommt.

c) *Was kommt beim Gehirn an?*

_____ .

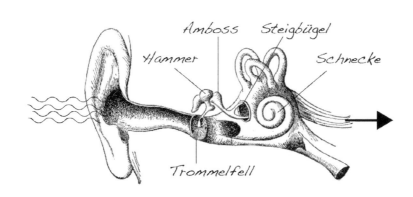

Erforsche ... den Schall – Bestell-Nr. 11 445

KOHL VERLAG

4 Wie hören wir?

Hörexperten gesucht

Löse das Rätsel und du weißt, ob du ein Hörexperte bist.

Aufgabe 1: *Beantworte die Fragen.*

EA

    a) Wie heißt der Teil des Ohres, den man von außen sehen kann?
       ☐ Ohrqualle (E)   ☐ Ohrmuschel (L)

    b) In welchem Körperteil trägt man Ohrringe?
       ☐ Ohrläppchen (E)   ☐ Ohrlöcher (F)

    c) Wohin führt der Gehörgang?
       ☐ zum Trommelfell (I)   ☐ zum Bärenfell (Ö)

    d) Welche Töne kann das Ohr unterscheiden?
       ☐ laut und leise (C)   ☐ hell und dunkel (R)

    e) Was tut das Trommelfell?
       ☐ hören (R)   ☐ schwingen (H)

    f) Wie heißt einer der drei Gehörknochen?
       ☐ Hammer (G)   ☐ Säge (A)

    g) Und wie ein zweiter?
       ☐ Werkbank (S)   ☐ Amboss (E)

    h) Und der dritte?
       ☐ Steigbügel (W)   ☐ Trense (S)

    i) Wer „wohnt" in deinem Ohr?
       ☐ Biene (E)   ☐ Schnecke (I)

    j) Was kann man bekommen, wenn man viel Lärm hört
       (laute Musik, Verkehr …)?
       ☐ Kopfschmerzen (C)   ☐ Dauergrinsen (L)

    k) Welche Ohrenkrankheit tut besonders weh?
       ☐ Trommelfellwackeln (N)   ☐ Mittelohrentzündung (H)

Aufgabe 2: *Schreibe die Buchstaben hinter jeder Antwort auf die Linien. Dann erfährst du, was in den Ohren noch wichtiges passiert.*

EA

Du hältst

das G _ _ _ _ _ _ _ _ _ _ _ **T!**

5 Die Lösungen

1   **Seite 5**   **Aufgabe 3:**   summen, stampfen, singen, klatschen, klopfen, reiben, pupsen, rülpsen, niesen, lachen, kichern, schnauben, rufen, schnalzen, schmatzen …

      Seite 6   **Aufgabe 4:**   leiser Ton = schwach, lauter Ton = kräftig

      Seite 8   **Aufgabe 1:**   Man spürt ein leichtes Vibrieren, das stärker wird, je tiefer/lauter der Ton ist.

                    Aufgabe 2:   Man spürt eine Vibration/ein Kribbeln im Bauch und in der Brust.

                    Aufgabe 3:   Man spürt eine starke Vibration/ein Kribbeln.

                    Aufgabe 4:   Man spürt die Vibration an der Lippe und es kitzelt.

                    Aufgabe 5:   Knallgeräusche spürt man häufig als Schwingung im Fußboden (kräftiges Aufspringen) oder auf dem Tisch (auf den Tisch schlagen). Legt man eine Hand auf ein Musikinstrument, kann man ebenfalls häufig den Schall spüren.

      Seite 10   **Aufgabe 1:**   a) Das freie Ende der Stricknadel bewegt sich schnell hoch und runter.
                                          b) Das Salz springt auf der Trommel.
                                          c) Die Wasseroberfläche bewegt sich.

      Seite 10   **Aufgabe 2:**   Wenn es ein Geräusch gibt, dann bewegt sich etwas.

2   **Seite 16**   **Aufgabe 1:**   laut, leise, hoch, tief

                    Aufgabe 2:   <u>Mögliche Lösung</u> *(Die Beschreibung der Geräusche ist auch subjektiv):* Ein LKW klingt laut und tief. Ein Vogel singt leise und hoch. Ein Baby weint hoch und laut. Blätter rauschen/Der Wind rauscht leise und tief.

      Seite 17   **Aufgabe 2:**   Die Tüte verstärkt das Geräusch.

      Seite 19   **Aufgabe 1:**   a) <u>kleiner Luftballon</u>: Das Geräusch klingt höher
                                          b) <u>großer Luftballon</u>: Das Geräusch klingt tiefer.
                                          c) Ein Zischen/Rauschen.
                                          d) Einen Windhauch.
                                          e) Der Ton klingt mal höher/tiefer, je weiter man den Hals auseinanderzieht.

                    Aufgabe 2:   Wird der Hals weiter auseinander gezogen, hat die Luft mehr Platz zum Schwingen. Grundsätzlich klingen lange Schwingungen tief und kurze hoch.

      Seite 20   **Aufgabe 1:**   Geräusch – wechselhaft; mal hoch, mal tief; mal schrill, mal sanft; Ton – einheitlich, immer gleich hoch oder tief.

                    Aufgabe 2:   <u>Geräusch</u>: b, c, f;   <u>Ton</u>: a, d, e

      Seite 22   **Aufgabe 1:**   Wenn das Nadelstück in der Luft lang ist, dann klingt der Ton tief. Wenn das Nadelstück in der Luft kurz ist, dann klingt der Ton hoch.

      Seite 23   **Aufgabe 1:**   a) Der Wecker klingt normal/laut.   b) Er klingt lauter.
                                          c) Er klingt leiser.   d) Er klingt noch leiser.

                    Aufgabe 2:   Harte Gegenstände verstärken/schwächen den Schall, weiche Gegenstände verstärken/schwächen ihn.

      Seite 24   **Aufgabe 1+2:**   Zum Verstärken eignen sich Tisch, Fensterscheibe, Tafel, Becher. Dämpfende Eigenschaften haben Schaumstoff und Lappen.

                    Aufgabe 3:   Der Ton wird verstärkt.

                    Aufgabe 4:   Gitarre, Bratsche, Cello, Kontrabass, Klavier/Flügel, Glockenspiel, Xylophon ...

      Seite 25   **Aufgabe 2:**   <u>Ben</u>: Heute Morgen ist meiner Mutter ein Buch heruntergefallen. Mann, bei dem Knall war ich echt wach!
                                  <u>Ayla</u>: Mein „Wecker" war auch ein blödes Geräusch: Der Müllwagen, der vor meinem Fenster anfuhr.
                                  <u>Ben</u>: Ich habe mir gleich den MP3-Player ins Ohr gestöpselt. Die Songs meiner Lieblingsband, das ist der beste Klang überhaupt!
                                  <u>Ayla</u>: Das verstehe ich. Ich mag es aber auch, auf meiner Querflöte zu üben. Das ist so ein schöner Ton.

Lernen mit Spaß   KOHL VERLAG   Erforsche ... den Schall   –   Bestell-Nr. 11 445

5 Die Lösungen

3 **Seite 26** **Aufgabe 1:** **a)** Ich höre einen Knall. **b)** Ich höre ein Geräusch.
c) Ich höre einen Ton **d)** Ich höre einen Klang.

Seite 27 **Aufgabe 2:** Das Gummi bewegt sich schnell hin und her. In der Mitte bewegt es sich stärker als am Rand.

Aufgabe 3: Wenn man das Gummi anhält, bewegt es nicht mehr und man hört keinen Ton mehr.

Seite 28 **Aufgabe 1:** Schall entsteht, wenn sich ein Gegenstand sehr schnell hin- und herbewegt. Zu der Bewegung sagen wir auch Schwingung. Dann können wir etwas hören.

Seite 29 **Aufgabe 2:** Das Gummiband stößt an die Spirale. Sie fängt an zu schwingen.

Seite 30 **Aufgabe 1:** **a) -c)** Ein fester Gegenstand/eine Flüssigkeit/die Luft kann schwingen.

Aufgabe 2: Wir hören nur Schwingungen, die durch die Luft in unser Ohr kommen.

Seite 31 **Aufgabe 1:** **a)** Das Gummiband bewegt, indem es in der Mitte stark nach oben und unten ausschwingt, an den Rändern entsprechend weniger.
b) Die Wasseroberfläche bewegt sich in kleinen Wellen auf und ab.

Aufgabe 3: Jede Art von Kurve ist möglich.

Seite 32 **Aufgabe 1-3:** Grundsätzlich erklingen tiefe Töne, wenn die Gefäße leer sind, und höhere, je voller die Gefäße mit Wasser gefüllt werden.

4 **Seite 37** **Aufgabe 1:** Augen zu: Ich sehe nichts mehr. Ohren zu: Ich kann meine Ohren nicht zumachen./Ich höre immer noch.

Aufgabe 3: Ohrenschmerzen, wenn es zu kalt wird; Kopfschmerzen/-dröhnen von Krach; nicht schlafen können; von Lärm genervt sein; etwas hören, was man nicht wissen möchte (z. B. Streit der Eltern) …

Aufgabe 4: Dorthin gehen, wo es still ist (eigenes Zimmer, Natur, Bücherei …); Musik/Fernseher/PC ausschalten; Musik etc. nicht zu laut aufdrehen; Mitmenschen um Ruhe bitten …

Seite 39 **Aufgabe 1:**

Ohrmuschel
Gehörgang
Ohrläppchen

Aufgabe 2: Nein, der wichtigste Teil des Ohres liegt im Inneren des Körpers.

Seite 42 **Aufgabe 2:** **a)** Autoverkehr, laute Musik, Babygeschrei, Popkonzert, Presslufthammer
b) schwerhörig,
c) Ohr und Herz

Seite 43 **Aufgabe 1:** **c)** lustig, zum Lachen, erschrocken, genervt, es tut weh …

Seite 44 **Aufgabe 1:** **b)** Wenn ich in den Trichter spreche, bewegt sich die Wasseroberfläche.

Aufgabe 2: Die Ohrmuschel […] fängt die Schallwellen ein – genau wie die Schale des Trichters. Dann wird er […] ins Innere des Körpers geleitet – am Trichter ist das der lange, dünne Teil. […] Im Versuch ist das die Wasseroberfläche.

Aufgabe 3:

Ohrmuschel
Trommelfell
Ohrläppchen
Gehörgang

Seite 45 **Aufgabe 1:** **a)** Sie schwingen. **b)** Die Schnecke. **c)** Nervenimpulse (Botschaften)

Seite 46 **Aufgabe 1:** **a)** Ohrmuschel, **b)** Ohrläppchen, **c)** zum Trommelfell, **d)** laut und leise,
e) schwingen, **f)** Hammer, **g)** Amboss, **h)** Steigbügel, **i)** Schnecke,
j) Kopfschmerzen, **k)** Mittelohrentzündung

Aufgabe 2: Du hältst das Gleichgewicht!